Fabienne Catelin

Gémeaux

LES COUPLES ASTROLOGIQUES
Quel partenaire est fait vraiment pour vous amis
GEMEAUX

FC Editions

Graphisme de la couverture : Jean-Marc Vignolo
Textes : Fabienne Catelin
Site internet : www.fabiennecatelin.com

Dépôt légal : juin 2019
ISBN : 9782955785461

Lors d'une rencontre sentimentale, nous avons toujours pour habitude de montrer le meilleur de nous-même, ce qui n'est peut-être pas toujours le reflet de la réalité. Nous avons tous des défauts que nous nous efforçons de dissimuler afin de ne pas passer à côté de la bonne personne. Mais, en réalité et au fil des mois, nous découvrons parfois que ce que nous vivons ne correspond pas à ce que nous attendions. Aussi et afin de vous aider à mieux comprendre votre partenaire, j'ai dressé pour vous des portraits amoureux en fonction de vos signes respectifs. Vous pourrez ainsi avoir une idée bien plus précise de ce qui vous attend et de la manière dont vous devez ou pouvez agir pour que votre relation puisse connaitre une belle histoire ou prenne un nouveau départ.

- **Caractéristique du signe des Gémeaux**
- Madame Gémeaux et Monsieur Bélier
- Madame Gémeaux et Monsieur Taureau
- Madame Gémeaux et Monsieur Gémeaux
- Madame Gémeaux et Monsieur Cancer
- Madame Gémeaux et Monsieur Lion
- Madame Gémeaux et Monsieur Vierge
- Madame Gémeaux et Monsieur Balance
- Madame Gémeaux et Monsieur Scorpion
- Madame Gémeaux et monsieur Sagittaire
- Madame Gémeaux et Monsieur Capricorne
- Madame Gémeaux et Monsieur Verseau
- Madame Gémeaux et Monsieur Poisson
- Monsieur Gémeaux et Madame Bélier
- Monsieur Gémeaux et Madame Taureau
- Monsieur Gémeaux et Madame Gémeaux
- Monsieur Gémeaux et Madame Cancer
- Monsieur Gémeaux et Madame Lion
- Monsieur Gémeaux et Madame Vierge
- Monsieur Gémeaux et Madame Balance
- Monsieur Gémeaux et Madame Scorpion
- Monsieur Gémeaux et Madame Sagittaire
- Monsieur Gémeaux et Madame Capricorne
- Monsieur Gémeaux et Madame Verseau
- Monsieur Gémeaux et Madame Poisson

LE GEMEAUX

Pour être né sous le signe des Gémeaux, il faut que le soleil traverse ce signe entre le 21 mai et le 21 juin.

Le Gémeaux est un signe d'air, signe mutable, définit comme chaud et humide et dit signe diurne.

Mercure s'y trouve en domicile mais aussi en exaltation. Neptune y est en chute et Jupiter en exil.

Il est un signe d'esprit et de science, et d'éloquence. Il représente la dualité, la souplesse, la subtilité mais aussi une tendance à l'indécision. Il est l'intermédiaire, le messager, celui qui transmet et qui représente, celui qui se déplace. Il octroie a ceux qui sont nés sous ce signe, un besoin de bouger, d'être actif mais aussi une certaine versatilité et un besoin de changement qui peut se ressentir dans les différents plans de leur destinée. Un gémeaux est comme un caméléon, il sait s'adapter, se camoufler et se fondre dans le décor. Il reste le plus souvent fort apprécié par son entourage car il est très adaptable.

Madame Gémeaux face aux hommes du zodiaque

Madame GEMEAUX face à Monsieur BELIER

Rien n'est plus difficile pour Monsieur Bélier de garder Madame Gémeaux, pour qui l'amour avec un grand A est une histoire à dormir debout. Non pas qu'elle ne soit pas sentimentale mais elle a plutôt tendance à faire passer l'amour au dernier plan. Aussi, Monsieur Bélier devra faire preuve d'un grand déterminisme s'il veut conquérir et surtout garder Madame Gémeaux, qui finira toutefois par se lasser un jour.

Madame Gémeaux aime les hommes de caractère et monsieur Bélier n'en ai pas dépourvu. Monsieur Bélier est homme à éviter à Madame Gémeaux la plupart des tracas quotidiens qu'elle lui laissera d'ailleurs gérer bien volontiers. Elle appréciera beaucoup le caractère enthousiaste et généreux de monsieur Bélier, d'autant que par certains côtés, monsieur Bélier lui ressemble un peu dans la mesure où il est amateur de changement. Elle appréciera votre force et votre courage et savourera le plaisir d'être avec un homme qui a tant confiance en lui. Toutefois, monsieur Bélier ne devra pas faillir et n'aura pas droit à l'erreur car madame Gémeaux est exigeante.

Madame Gémeaux, à l'inverse de monsieur Bélier ne semble pas vraiment attiré par les jeux de l'amour et cela peut devenir un problème pour monsieur Bélier dont la sexualité est somme toute importante. Pour autant, si madame Gémeaux a choisi monsieur Bélier alors celui-ci pourra être certain qu'elle s'investira à sa manière dans leur relation, sachant correctement entretenir sa demeure et offrir à monsieur Bélier le confort qu'il peut espérer.

Reste un petit souci, l'humeur changeante de madame Gémeaux que monsieur Bélier aura du mal a concevoir tant il fait tout pour elle, mais qu'importe, monsieur Bélier est homme à s'accrocher…

Madame GEMEAUX face à Monsieur TAUREAU

Madame Gémeaux est printanière et légère, monsieur Taureau est empêtré dans ses convictions. Madame Gémeaux éprouvera toujours un certain mal avec le parti pris de monsieur Taureau d'autant qu'elle est d'esprit ouvert et tolérant. Monsieur Taureau est rancunier alors que madame Gémeaux peut passer à autre chose sans vouloir se poser sur ce qui l'a blessé. Et Dieu sait que monsieur Taureau pourra parfois se montrer plutôt mesquin avec madame Gémeaux qui devra apprendre a passer outre si elle veut préserver cette relation somme toute difficile et compliquée.

Il y a toutefois chez monsieur Taureau quelques petites choses qui sauront la charmer notamment la force dont il fait preuve. Madame Gémeaux aime les hommes puissants tant en caractère qu'en force et avec monsieur Taureau, il y a fort à parier qu'elle ne sera pas déçue. Madame Gémeaux aime aussi les hommes capables de lui éviter tous les tracas quotidiens et là encore monsieur Taureau excellera car il aime tout diriger et tout régenter. Toutefois, monsieur Taureau aura peut-être aussi le souhait de vouloir décider du sort de madame Gémeaux et c'est ici que les choses vont se compliquer pour lui car madame Gémeaux bien que d'apparence docile ne s'en laissera pas conter et fera toujours uniquement ce qu'elle décide et ce qu'elle souhaite.

Madame Gémeaux agit parfois sans réfléchir et sans forcément penser aux conséquences que ses actes engendrent, ce que pourra ne pas comprendre monsieur Taureau qui a plutôt tendance à réfléchir cent fois avant d'agir et avant de prendre une décision. Et d'ailleurs, il en sera de même lors de leur rencontre, où madame Gémeaux, amoureuse du flirt tentera rapidement de séduire monsieur Taureau, là où celui-ci aurait pris son temps pour réfléchir a la meilleur manière de l'aborder. Cependant, pour madame Gémeaux l'amour est souvent un jeu alors que pour monsieur Taureau ça peut être une affaire sérieuse qu'il aime planifier. De ce fait, voyant parfois que madame Gémeaux ne prend pas forcément les choses avec autant de sérieux, il en deviendra possessif et jaloux, ce qui finalement est dans sa nature. Madame Gémeaux est aussi versatile et peut fuir aujourd'hui ce qu'elle aimait hier, et c'est encore ici une chose à laquelle monsieur Taureau devra se faire car chez madame Gémeaux, cela fait partie de son caractère.

En somme, cette relation n'est pas impossible mais elle va s'avérer compliquée car il faudra qu'il y ait beaucoup de concessions et que chacun abandonne une partie de lui-même pour plaire à l'autre. Pas sûr que cela fonctionne à long terme car personne ne change s'il y est obligé…

Madame GEMEAUX face à Monsieur GEMEAUX

Nous sommes ici en présence de deux signes d'Air qui peuvent, sans soucis, parvenir à se comprendre. Madame Gémeaux saura retrouver chez monsieur Gémeaux certaines de ses caractéristiques et se sentira pleinement rassurée de savoir qu'il est en somme capable de la comprendre sans même qu'ils aient besoin d'en discuter. Tous deux aiment la légèreté, sont ennemis de la discorde et ont besoin d'une vie dynamique et pleine d'entrain particulièrement axée sur l'extérieur. Ils prendront beaucoup de plaisir a recevoir leurs amis, a sortir pour vivre cette vie mondaine qu'ils adorent, partageant souvent les mêmes gouts pour les activités et ayant souvent les mêmes envies au même moment. D'autre part, l'un saura entrainer l'autre et ils auront l'un sur l'autre un effet tonique tres appréciable a leur bonne entente.

Ils seront aussi capable de se respecter dans ce qu'ils sont, capable de comprendre le stress de l'autre et ce besoin que le Gémeaux a parfois de s'isoler pour faire face à ces remous intérieurs, certes de courte durée mais bien présents.

Madame Gémeaux ne sera peut-être pas très maternelle mais aura à cœur de bien remplir son rôle et à cœur d'aider ses enfants a être rapidement autonomes. D'ailleurs, monsieur Gémeaux aura aussi parfois tendance à jouer au bambin avec quelques caprices que madame Gémeaux laissera passer sans même s'y arrêter. Finalement, et même si cette relation est souvent orageuse, ce ne sont que des courtes pluies qui s'abattront sur eux, préférant tous deux, retrouver la clarté et la bonne humeur. Pas de rancune ici mais juste une envie de passer rapidement sur les choses afin de retrouver leur joie d'être ensemble.

Sentimentalement, un grand flou pourra toutefois exister sur leur façon de vivre et d'aborder leur relation. L'un et l'autre se sauront jamais vraiment s'ils sont fidèles ou non car, n'ayant pas spécialement besoin de vie intime, nul ne saura s'ils s'en contentent ou s'ils la trouvent ailleurs.

Madame GEMEAUX face à Monsieur CANCER

Madame Gémeaux est changeante, ça, tout le monde le sait. Mais monsieur Cancer est un homme aux multiples facettes qui sauront dérouter madame Gémeaux. Pourtant, madame Gémeaux, ouverte d'esprit, sera capable de comprendre tout cela mais monsieur Cancer est aussi un homme capricieux et mystérieux.

D'ailleurs, quand madame Gémeaux pensera avoir décrypté monsieur Cancer, celui-ci lui montera encore un autre aspect de sa personnalité qui ne pourra que la déstabiliser un peu plus.

Madame Gémeaux pourra trouver en monsieur Cancer, un allié fidèle et un soutien sans faille mais ils devront tous deux largement se méfier de leurs conceptions très utopiques des choses s'ils ne veulent se trouver confrontés à des échecs cuisants. Ce sont des rêveurs qui ne doivent pas se laisser emporter sur la pente de leurs projets parfois tres nébuleux car ils pourraient y perdre tout ce qu'ils possèdent.

Madame Gémeaux pourra trouver en monsieur Cancer un homme stable, capable de fonder une famille et d'en assurer la pérennité. Il pourra être un acharné de travail, juste pour satisfaire aux besoins du foyer. Et c'est une qualité que madame Gémeaux appréciera beaucoup.

Monsieur Cancer saura aussi aider madame Gémeaux a se réaliser afin qu'elle puisse s'épanouir dans cette relation mais il restera souvent très protecteur, ce qui agacera madame Gémeaux car Madame Gémeaux est indépendante et se veut libre de ses choix.

Madame Gémeaux aime aussi les choses limpides et c'est ici encore un écueil qui parsèmera la relation de quelques embuches car monsieur Cancer est tantôt secret, tantôt discret, le plus souvent venant du fait qu'il ne sait pas toujours exprimer ce qu'il ressent et qu'il ne sait pas non plus correctement expliquer le fond profond de ses pensées tant il est parfois en proie à ses volcans intérieurs. IL faudra donc beaucoup de temps à madame Gémeaux, rapide pourtant d'esprit, pour comprendre cet homme qu'elle pourra au fil du temps délaissé au profit d'une autre relation.

Madame GEMEAUX face à Monsieur LION

Que de prouesses devra accomplir Monsieur Lion pour satisfaire Madame Gémeaux ! Mais, que cela va le ravir et le satisfaire !
Madame Gémeaux, bien que de caractère souple, est toutefois indomptable tant elle est toujours en mouvement, et cela séduira Monsieur Lion, qui aime la difficulté. Monsieur Lion, fort volontaire, sait, en principe, ce qu'il souhaite et là, en l'occurrence, il n'aura de cesse que de n'être le seul et unique amour de Madame Gémeaux. Et cela ne sera pas si simple car Madame Gémeaux aime le flirt et aime qu'on la désire. Pourtant, si Monsieur Lion démontre sa force et sa puissance, Madame Gémeaux pourrait bien être conquise. D'autant que Madame Gémeaux est perspicace et sait reconnaitre une personnalité de valeur lorsqu'elle en voit une.
Monsieur Lion aime que l'on s'occupe de lui, aime qu'on le flatte même s'il joue les modestes, et Madame

Gémeaux, habile oratrice, saura, le plus souvent, trouver les mots qu'il faut. Elle sait aussi que c'est là pour elle, le moyen de faire accepter ses idées auxquelles Monsieur Lion serait réfractaire en temps ordinaire.

Monsieur Lion aime rire, Madame Gémeaux a le sens de l'humour, ce qui laisse présager de merveilleux instants. Monsieur Lion aime voyager car il a l'âme d'un baroudeur, Madame Gémeaux aimera le suivre, curieuse de tout. Mais Monsieur Lion aime aussi sa maison et peut-être aura-t-il dans l'idée d'y installer Madame Gémeaux espérant ainsi la fixer. Rien n'est moins sûr.

Néanmoins, si chacun parvient à trouver son équilibre dans cette relation, ce sera un couple fait pour durer, et le gage le plus sûr d'une vie mouvementée mais harmonieuse.

Madame GEMEAUX face à Monsieur VIERGE

Aussi étrange que cela puisse paraitre et même si madame Gémeaux et monsieur Vierge ont tous deux Mercure pour maitre, cette relation ne sera pas de tout repos. Monsieur Vierge est celui qui ne permet pas l'éparpillement et madame Gémeaux est une femme à l'énergie débordante bien qu'un peu diffuse. Monsieur Vierge saura permettre à madame Gémeaux de canaliser ses pulsions et ses envies mais à la condition qu'il ne soit pas lui-même éparpillé. Car, il faut bien le dire, il n'existe pas que des Vierge sages mais il y a son lot de Vierge folle et si monsieur Vierge était de ceux-là, alors madame Gémeaux pourrait avoir toutes les peines du monde à se calmer et à s'enraciner tant ce monsieur Vierge ne pourrait que la pousser à être encore plus dans tous les sens. IL est donc souhaitable que madame Gémeaux ne s'emballe pas à la rencontre de monsieur Vierge et souhaitable qu'elle prenne le temps de le connaitre plus en détails afin de ne pas prendre le risque d'être dans une folle situation qui ne pourrait que nuire à son essor.

Mais avec un monsieur Vierge sage, madame Gémeaux pourrait alors réaliser de belles choses tant son soutien serait important. Il lui permettrait de réfléchir sur elle-même et comprendre qu'elle doit utiliser au mieux ses capacités afin d'accéder a ce qu'elle est vraiment. Madame Gémeaux pourrait alors vivre une vie bien organisée et bien agencée car monsieur Vierge ne laisse rien au hasard. Il sait quoi décider, il sait quoi faire et il est naturellement autoritaire. Il aime planifier, elle aime découvrir dans l'impromptu, ce qui n'est pas le gage d'une vie quotidienne harmonieuse sauf si madame Gémeaux accepte d'être un peu plus disciplinée et monsieur Vierge un peu moins dans la retenue. Toutefois, tous deux ont en commun un esprit vif et porté vers la découverte d'où d'agréables échanges ou d'agréables vacances qui peuvent à terme rendre leur union malgré tout solide tant ils auront à partager.

Madame GEMEAUX face à Monsieur BALANCE

Madame Gémeaux sera d'abord séduite par l'aspect général de monsieur Balance qui sait toujours être soigné et agréable à regarder. Ses manières plutôt distinguées sauront séduire madame Gémeaux qui n'aura plus qu'un souhait, le séduire à son tour. Et bien lui en prendra car avec monsieur Balance, madame Gémeaux se sentira pousser des ailes tant il saura lui administrer son enthousiasme pour les choses. Madame Gémeaux comprendra vite qu'elle a tout à y gagner. Un bémol toutefois dans cette relation, c'est le comportement de monsieur Balance qui reste toujours tres mesuré et discret sur ce qu'il pense ou ce qu'il ressent. Difficile donc pour madame Gémeaux de laisser exister son côté spontané et moqueur tant monsieur Balance pourra ne pas la suivre sur ce terrain. Et c'est peut-être ici ce qui sera, pour madame Gémeaux, le plus difficile, ne plus pouvoir vraiment parler de n'importe quoi et ne plus pouvoir être dans tous les sens. D'autant que la majeur partie du temps, madame Gémeaux ne saura pas vraiment ce que pense monsieur Balance de son comportement tant il est de nature mystérieuse.
Madame Gémeaux n'est pas vraiment femme à se marier, ce qui n'est guère le cas de monsieur Balance qui représente la maison VII de la carte du ciel. Aussi, faudra-t-il que madame Gémeaux réfléchisse bien avant de s'engager dans une relation à long terme avec

monsieur Balance car il semble qu'il puisse prendre cette relation et la notion du mariage très au sérieux. Monsieur Balance est un homme affectueux, capable de donner beaucoup d'attention à madame Gémeaux mais il exigera a son tour qu'elle lui donne en retour, ce qui peut-être sera pour madame Gémeaux plutôt nouveau, elle, tant habitué à ne s'occuper que d'elle.

Finalement, cette relation semble pouvoir évoluer et durer mais à la condition que madame Gémeaux joue le jeu d'un amour de partage et de sincérité car autrement, elle verra monsieur Balance se détourner d'elle du jour au lendemain sans qu'elle ne puisse rien voir venir.

Madame GEMEAUX face à Monsieur SCORPION

Qu'elle ne sera pas la surprise de madame Gémeaux d'être confrontée à monsieur Scorpion pour qui les choses sont en général plutôt terre à terre. Cela risque de bouleverser complètement les habitudes de madame Gémeaux souvent habituée à tergiverser au lieu d'agir. Avec monsieur Scorpion, madame Gémeaux sera mise face à elle-même et face à ses rêves qu'il pourra lui apprendre à devenir réalité. Monsieur Scorpion est pragmatique et déterminé et n'a pas pour habitude de s'en laisser conter. Aussi, madame Gémeaux pour le séduire, se devra de lui montrer qu'elle est une femme volontaire et obstinée, ce qui est somme toute bien loin de la réalité, tant elle est habituée à envisager sans vraiment réaliser de façon concrète les objectifs qui jalonnent son esprit.

Madame Gémeaux pourra peut-être trouver la vie en compagnie de monsieur Scorpion plutôt difficile mais le magnétisme très attractif dont il fait preuve fera qu'elle aura envie de se dépasser juste pour le garder à ses côtés. Mais, ce n'est pas ici la seule chose qui peut poser problème à madame Gémeaux. En effet, madame Gémeaux aime séduire, aime flirter mais n'est pas réellement porté sur la bagatelle a l'inverse de monsieur Scorpion pour qui la sexualité est importante. Elle devra donc redoubler d'efforts pour lui offrir ce qu'il attend, être inventive car monsieur Scorpion est homme de fantasme puissant avec une tendance à l'excès parfois difficile à satisfaire.

Madame Gémeaux ne croit pas toujours en elle, et monsieur Scorpion pourra l'aider à se découvrir ou plutôt pourra l'aider à découvrir qu'elle peut dépasser ses limites. Il peut facilement lui devenir indispensable, elle qui croyait pouvoir se suffire à elle-même !!

Madame Gémeaux découvrira aussi la vie monotone et laborieuse de monsieur Scorpion, vie qu'elle se devra d'épouser si elle a le désir de prolonger cette relation car monsieur Scorpion n'est pas homme à changer pour quiconque.

En somme, une relation possible mais avec des sacrifices qui pourront parfois être d'un seul côté, mais qui peuvent malgré tout offrir une jolie relation, relation qui, si elle s'achève, le fera dans le drame de la jalousie, monsieur Scorpion étant un homme entier et excessif.

Reste a madame Gémeaux a bien réfléchir avant de s'engager !

Madame GEMEAUX face à Mr SAGITTAIRE

Ce couple est fait, sans nul doute, pour avoir du monde autour de lui et pour réaliser ensemble des projets qui leur tiennent à cœur.

Madame Gémeaux sait se montrer très insouciante et cela obligera Monsieur Sagittaire à jouer son rôle de chef de famille et à assumer totalement les responsabilités qu'elle aura décidé de lui laisser.

Madame Gémeaux possède aussi un état d'esprit proche de celui de Monsieur Sagittaire et cela l'aidera beaucoup dans la poursuite de son objectif car elle pourra y puiser son inspiration, et cela en regardant évoluer monsieur Sagittaire qui ne craint rien ni personne tant il est impétueux et d'autant que Monsieur Sagittaire a toujours des vues à longue portée et bien souvent au-delà du commun des mortels.

Madame Gémeaux n'aura de cesse que de vouloir épouser Monsieur Sagittaire et Monsieur Sagittaire, lui, loin de ce type de préoccupation, choisira un but et tachera de l'atteindre car cela semble pour lui l'essentiel de l'existence.

Mais dans cette relation, il n'y aura pas de demi-mesure en raison de leur caractère et ce sera tout ou rien. Une fois passé le cap des relations intimes, Monsieur

Sagittaire développera toujours un univers qui n'en finit jamais et dans lequel Madame Gémeaux pourra avoir sa place sans jamais pouvoir en sortir. Monsieur Sagittaire est un malin qui s'arrangera toujours pour garder Madame Gémeaux à ses côtés. Toutefois, madame Gémeaux se devra de remplir sa part du marché car monsieur Sagittaire, s'il n'est pas satisfait, pourra, à moyen ou long terme, laisser madame Gémeaux pour compte et continuer son chemin sans véritablement se préoccuper d'elle.

Bien que n'étant pas préparée à l'existence que Monsieur Sagittaire veut lui faire vivre, madame Gémeaux s'y pliera volontiers d'autant que monsieur Sagittaire saura lui fera gagner de l'argent. Calculatrice, madame Gémeaux reconnaitra bien volontiers que cela lui arrange bien la vie d'où une certaine tolérance à l'égard des comportements de monsieur Sagittaire

Avec Monsieur Sagittaire, Madame Gémeaux va évoluer psychologiquement, et se sentira rassurée et soutenue, ce qui va la pousser à prendre des responsabilités et la forcer à terminer ce qu'elle aura commencé. Mais attention Monsieur Sagittaire, que Madame Gémeaux ne devienne pas, à la longue, plus intéressée que vous et ne finisse à son tour, par vous laisser sur le chemin…

Madame GEMEAUX face à Mr CAPRICORNE

Le contraste s'installe ici, entre Madame Gémeaux et Monsieur Capricorne. Monsieur Capricorne est souvent un homme froid, de peu de sentimentalité, assez éloigné des affaires d'amour bien qu'attiré par le sexe. Madame Gémeaux est plus tendre, plus légère et arbore parfois un petit côté romantique qui, finalement, séduit monsieur Capricorne.

Dans le travail, madame Gémeaux et monsieur Capricorne peuvent parfaitement se compléter. Alors que monsieur Capricorne aborde avec discipline et détermination ses occupations professionnelles, madame Gémeaux, elle, pourra aisément s'occuper de son relationnel car elle passera là ou Monsieur Capricorne résiste. Madame Gémeaux séduira pendant que Monsieur Capricorne gagnera de l'agent car elle saura lui ouvrir tout un monde de relations nouvelles et variées, bénéfique à Monsieur Capricorne.

Madame Gémeaux trouvera en Monsieur Capricorne, ce petit quelque chose d'étrange qui l'attire, et Monsieur Capricorne s'amusera du pouvoir qu'il sait détenir sur Madame Gémeaux. Monsieur Capricorne n'aura pas son pareil pour déstabiliser Madame Gémeaux et découvrir ce qu'elle lui cache mais Madame Gémeaux, bonne comédienne, montrera toujours à Monsieur Capricorne la partie d'elle-même qu'il souhaite voir. Loin d'en être contrariée, elle pourra, elle aussi, grandement en jouer. D'autant que Madame Gémeaux, ne s'y trompant pas, pourra parfaitement profiter de Monsieur Capricorne, comprenant que lui seul, peut l'aider à évoluer comme elle le veut secrètement.

Grace à Monsieur Capricorne, Madame Gémeaux découvrira son potentiel et apprendra à l'exploiter, et, s'il n'y prend pas garde, Madame Gémeaux pourrait un jour se lasser de l'attitude austère de Monsieur Capricorne, notamment si celui-ci lui a donné tout ce qu'elle estime recevoir.

En somme, si Monsieur Capricorne sait se montrer plus chaleureux et plus enjoué, Madame Gémeaux apprendra à s'en contenter. Mais si Monsieur Capricorne privilégie sa réussite alors Madame Gémeaux prendra ce qu'il lui offre mais se réservera toujours le droit de partir sans préavis.

Madame GEMEAUX face à Monsieur VERSEAU

Madame Gémeaux, femme dynamique et mobile, séduira Monsieur Verseau qui a aussi comme elle, la bougeotte. Toutefois, Madame Gémeaux se contente souvent de rester dans sa zone de confort alors que monsieur Verseau est un pionnier, un aventurier curieux de tout et aimant découvrir le monde et faire de multiples expériences. Aussi, madame Gémeaux comprendra vite que pour garder monsieur Verseau, elle doit accepter qu'il la stimule et la pousse dans des voies encore inconnues pour elle. Monsieur Verseau reste convaincu que la volonté permet d'accéder a tout et n'importe quoi, et madame Gémeaux se devra d'oser aller chercher en elle le meilleur, afin d'évoluer le plus qu'elle le pourra et cela même si ça la déroute quelque peu.

Madame Gémeaux, femme enfant parfois, a besoin que l'on s'occupe d'elle. Mais monsieur Verseau a souvent tendance à être un homme d'extérieur s'occupant plus des autres que de sa propre famille. Madame Gémeaux pourra en souffrir, à moins qu'elle ne décide de partager les intérêts de monsieur Verseau, qui n'en sera que plus heureux.

A la maison, madame Gémeaux demeurera le maitre car monsieur Verseau n'interviendra guère dans l'agencement de celle-ci. Toutefois, il tiendra beaucoup à une maison propre et ordonnée, car il aime les lignes pures, sobres et design. Donc point de fouillis pour madame Gémeaux qui devra en permanence faire de gros efforts en ce domaine si elle ne veut rencontrer le courroux acide de monsieur Verseau.

Dans l'intimité, monsieur Verseau est innovant et madame Gémeaux sera peut-être un peu surprise, elle pour qui les jeux de l'amour passe au second plan. Mais monsieur Verseau profitera aussi de ces instants pour lui faire part de ses grands projets dans l'espoir de les lui faire partager.

En somme, madame Gémeaux devra se montrer active et efficace pour satisfaire monsieur Verseau qui aime les femmes énergiques, et seule la question se pose de savoir si madame Gémeaux tiendra la distance et acceptera un rôle dans lequel elle ne se retrouve pas complètement.

Madame GEMEAUX face à Monsieur POISSONS

Madame Gémeaux, signe d'air et signe double, rencontre ici monsieur Poissons, signe d'eau mais aussi signe double. Aussi, cette relation ne sera pas sans poser quelques problèmes à madame Gémeaux. Madame Gémeaux est en général une femme pétillante, pleine de vie et d'ardeur que rien n'arrête. Monsieur Poissons, quant à lui, est plutôt un être intérieur, souvent tourmenté, un peu taciturne mais tendre et romantique. Monsieur Poissons a sans nul doute besoin d'amour et besoin d'une infinie tendresse que madame Gémeaux aura souvent toutes les peines du monde a lui donner. Madame Gémeaux, bien que tête en l'air, a les pieds sur terre à l'inverse de monsieur Poissons qui est un grand rêveur. Ils auront donc toutes les peines du monde à se comprendre. De ce fait, madame Gémeaux ne sera pas toujours à l'écoute de ce monsieur Poissons qui la déconcerte, ce qui pourra porter ce monsieur à fuir madame Gémeaux ou alors qui le conduira a s'enfermer dans son mutisme et dans sa vie, ne lui laissant plus la possibilité d'y entrer.
Mais ce ne sont pas les seules différences que l'on peut apercevoir dans ce couple si particulier. Madame Gémeaux est souvent directe voire même parfois peu

diplomate alors que monsieur Poissons navigue en eaux troubles, parait fuyant, glissant et peu franc alors qu'en réalité monsieur Poissons a sa façon à lui de faire face à l'adversité et aux obstacles.

Madame Gémeaux est plutôt femme a aimer les situations claires alors que monsieur Poissons amènera dans sa vie, le désordre, parfois le chaos car il est souvent déstabilisé par les circonstances et se montre hésitant quant au chemin à prendre. Pourtant, l'intuition certaine de monsieur Poissons pourra aider madame Gémeaux dans les grandes décisions et madame Gémeaux pourra sans nul doute trouver auprès de monsieur Poissons un soutien sincère. D'ailleurs, il saura la pousser vers ses objectifs même si il ne les définis pas vraiment.

Madame Gémeaux et cela quelle que soit la manière qu'elle utilise, reste une femme de caractère aimant assez dominer son monde. Mais, avec monsieur Poissons, cela va s'avérer plus que difficile car ce n'est pas un homme que l'on domine, étant bien trop indépendant pour cela. Il saura d'ailleurs fuir a la première occasion si madame Gémeaux tente de le modeler comme elle le souhaite car on ne modèle pas monsieur Poissons, et c'est plutôt lui qui, mine de rien, reste le chef de famille, même si l'on ne voit rien venir. En somme, une relation compliquée semble attendre madame Gémeaux et monsieur Poissons, d'autant qu'à chaque instant monsieur Poissons reste susceptible de fuir et de laisser madame Gémeaux quelque peu désappointée par cette circonstance.

Monsieur Gémeaux face aux femmes du zodiaque

Monsieur GEMEAUX face à Madame BELIER

Monsieur Gémeaux sera rapidement séduit par madame Bélier et par son charme attractif ainsi que par son caractère volontaire et ambitieux. Possible que monsieur Gémeaux sente que cette femme puissante peut être pour lui le stimulant qui lui fait parfois défaut. Pourtant, monsieur Gémeaux est homme à se laisser parfois aller et homme à prendre son temps s'il en a décidé ainsi. Bien évidemment, cela ne sera guère du gout de madame Bélier qui apprécie surtout les hommes fortement actifs.

Monsieur Gémeaux aime parler de tout et de n'importe quoi d'autant qu'il sait adroitement manier le verbe et les mots, ce qui, sans nul doute, ravira madame Bélier qui saura se laisser prendre à cette façon qu'a monsieur Gémeaux de séduire son auditoire. Mais monsieur Gémeaux parle souvent des choses en surface et parfois sans se donner la peine de les approfondir ce qui pourra quelque peu refroidir madame Bélier qui verra peut-être s'envoler ses espoirs de vivre aux côtés d'un homme brillant.

Monsieur Gémeaux est une personnalité enjouée et drôle, ce qui plaira beaucoup à madame Bélier car il saura toujours la faire sourire et rire dans les moments difficiles, elle qui pourrait avoir tendance a avoir parfois l'esprit sombre. Mais madame Bélier est une femme qui ne se laisse jamais abattre et c'est aussi cela qui aura su séduire monsieur Gémeaux.

Dans l'alcôve, madame Bélier sera peut-être souvent déçue, car monsieur Gémeaux est souvent bien au-dessus de ces futilités, étant surtout attiré par le flirt ou la séduction, et n'ayant pas forcément besoin de passer à l'acte. De ce fait, madame Bélier traversera des périodes de frustration que monsieur Gémeaux ne comprendra pas forcément. Et, il est d'ailleurs possible que cela ternisse l'image que madame Bélier a de monsieur Gémeaux entrainant à moyen terme une distance entre eux que seule peut-être l'amour pourra pour quelque temps encore préserver. Toutefois, monsieur Gémeaux prendra souvent le risque de voir partir madame Bélier sans qu'en définitive cela ne l'incommode.

Monsieur GEMEAUX face à Madame TAUREAU

Voici ici un couple peut-être un peu difficile tant monsieur Gémeaux et madame Taureau sont des êtres différents. Monsieur Gémeaux, signe d'air, est plutôt aérien et versatile aimant la vie et les surprises qu'elle lui réserve. Madame Taureau, quant à elle, est un gage de stabilité et de sureté tant elle est attachée à sa vie routinière. Il sera donc difficile ici de parvenir à une entente sans faille car monsieur Gémeaux aura toutes les peines du monde à canaliser ses attitudes et sa personnalité et madame Taureau sera souvent déconcertée par cet homme qu'elle a choisi mais qui ne parvient guère à la rassurer. Madame Taureau pourra offrir à monsieur Gémeaux l'équilibre qu'il peut redouter et sera capable de gérer sa vie et son emploi du temps de telle manière que rien ne sera laissé au hasard. Cependant, il sera difficile pour monsieur Gémeaux de s'astreindre a une vie trop régulière car il a besoin de changement, de diversité et besoin de sa liberté dont il sait user et abuser. Il appréciera par contre, le charme que saura donner à leur maison madame Taureau car n'en doutez pas, monsieur Gémeaux apprécie les belles choses.

Monsieur Gémeaux est un séducteur et madame Taureau verra d'un très mauvais œil ce penchant inhérent à monsieur gémeaux à savoir sa tendance au flirt. Cela pourra générer chez elle de fortes colères que monsieur Gémeaux s'appliquera à fuir tant il redoute l'agressivité qu'il aura lui-même déclenchée. De ce fait, cela pourra venir un tantinet compliquer leur relation car madame Taureau d'un naturel rancunier aura beaucoup de difficultés à passer l'éponge si monsieur Gémeaux va trop loin.

Monsieur Gémeaux pourra faire confiance à madame Taureau pour développer son avoir car c'est une femme économe, capable d'une gestion rigoureuse, ce que monsieur Gémeaux comprendra tres vite. C'est d'ailleurs pour cela qu'il lui fera confiance, confiance que madame Taureau aura toutes les peines du monde a mettre en monsieur Gémeaux. Monsieur Gémeaux devrait tout de même se méfier des réactions de madame Taureau qui, malgré sa constance, pourrait rompre toute relation avec monsieur Gémeaux au moment où celui-ci pourrait commencer à s'attacher à elle, et cela sans aucun espoir de retour !

Monsieur GEMEAUX face à Madame GEMEAUX

Etre semblable n'est pas toujours forcément un gage de réussite et de bonne entente. Madame et monsieur Gémeaux sont tous deux fait du même bois, et ont tous deux un comportement plutôt similaire et c'est peut-être cela qui aura tendance à venir perturber cette relation si légère. Bien évidemment, ils peuvent parcourir ensemble et longtemps la vie et ses embuches mais il faudra alors que chacun y trouve son compte, que chacun éprouve sa liberté et que chacun tache de rester lui-même. Toutefois, il est possible que monsieur Gémeaux s'adonne avec plus de liberté à sa tendance au flirt tandis que madame Gémeaux, à l'inverse, se montrera peut-être plus stable et plus fidèle. Mais, bien sûr, il n'est guère exclu que l'inverse se produise et qu'il y en ait toujours un qui soit contraint de subir les attitudes de l'autre. Alors, pour préserver cette relation, tous deux ont intérêt a privilégier la discussion afin de pouvoir échanger leur point de vue en toute liberté et de pouvoir mieux se comprendre et accepter l'autre tout en tachant de faire les efforts nécessaires et propres à chacun. Si monsieur et madame Gémeaux parviennent à discuter et à aller dans le même sens, alors cette relation ne sera que bénéfique et agréable, faite de bonne humeur et d'aventure, d'amis et de sorties, oubliant ainsi que derrière tout cela, se cachent en réalité leur monde secret qu'ils ne partageront d'ailleurs avec personne et surtout pas avec leur moitié.

Monsieur GEMEAUX face à Madame CANCER

Madame Cancer et monsieur Gémeaux peuvent sans aucun doute, vivre une relation facile et tendre car madame Cancer est capable d'apporter à monsieur Gémeaux cette affection dont il a besoin mais qu'il ne possède pas vraiment. Le calme de madame Cancer peut devenir pour monsieur Gémeaux indispensable car il lui arrive parfois d'être sous tension, sous pression d'où des colères fugaces mais bien réelles. Toutefois, monsieur Gémeaux est homme à se calmer rapidement et à reprendre son air désinvolte et plaisant.
Monsieur Gémeaux n'est pas un homme que l'on attache et les relations trop sérieuses deviennent vite source d'appréhension en ce qui le concerne. Aussi, madame Cancer, qui est une femme que l'on épouse, devra faire preuve d'une grande patience et d'une forte obstination si elle souhaite attraper monsieur Gémeaux

dans ses filets. Et la chose ne sera guère aisée !
Pourtant, l'attitude de madame Cancer aura tendance a interpeller monsieur Gémeaux qui cherchera à en savoir davantage, n'hésitant pas durant un temps à s'investir dans cette relation. Il reste nécessaire que madame Cancer demeure une énigme pour monsieur Gémeaux si celle-ci veut pouvoir le conserver car c'est en piquant sa curiosité, en lui donnant le sentiment qu'il n'en a jamais fini de faire le tour, que monsieur Gémeaux envisagera alors une relation à long terme avec madame Cancer. Sexuellement, madame Cancer ne sera pas forcément exigeante car elle parvient sans forcément de difficultés à se contenter de ce que monsieur Gémeaux souhaitera lui offrir. Elle remplacera souvent cela par une infinie tendresse, une vague de douceur en attendant son bon vouloir. En somme, une relation sans trop de nuage peut être envisagée, tout du moins jusqu'au réveil de madame Cancer et sa prise de conscience qui lui fera entrevoir que le rôle que monsieur Gémeaux lui a attribué n'est finalement peut-être pas celui de la vie qu'elle avait rêvé.

Monsieur GEMEAUX face à Madame LION

Quoi de mieux pour illustrer le couple de Monsieur Gémeaux et Madame Lion que la fable de Jean de la Fontaine du Corbeau et du Renard. Et au jeu du renard, Monsieur Gémeaux ne craint personne tant il est rusé et habile de ses mots.

Madame Lion est un peu vaniteuse et aime par-dessus tout que l'on s'intéresse à elle et qu'on lui montre tout l'intérêt qu'on lui porte. Monsieur Gémeaux sait flatter, et sait trouver les mots qui attendriront le cœur de Madame Lion jusqu'à ce qu'elle lui soit entièrement dévouée. Mais, c'est là un jeu de triche qui peut souvent ne pas vraiment refléter ce que Monsieur Gémeaux pense réellement, d'autant que Monsieur Gémeaux sait habilement discourir et captiver son auditoire tant il est capable de donner ce que l'on attend de lui.

Tous deux aiment la vie mondaine et peuvent apparaître et paraître sans soucis à toutes manifestations qui pourront les distraire, cherchant à en tirer quelques avantages.

Mais en réalité, aucun ne prendra réellement la peine de connaitre l'autre, et Monsieur Gémeaux ne s'apercevra que tardivement que Madame Lion est dépensière et exigeante. Quant à Madame Lion, elle découvrira, à ses dépens, que Monsieur Gémeaux se conduit comme un enfant qui se moque souvent de tout. Elle découvrira aussi que Monsieur Gémeaux est un cérébral peu attaché à l'amour physique et qu'il n'est pas vraiment un grand sentimental. Et, comme ils oublieront d'en parler, comme ils oublieront de communiquer sur les choses profondes qui parsèment leur âme et leur cœur, cette relation risque le naufrage…

Monsieur GEMEAUX face à Madame VIERGE

Ils ont en commun la planète Mercure qui est leur maitre et qui peut leur assurer une belle compréhension intellectuelle. De ce fait, ils peuvent n'avoir aucun problème pour se comprendre, tout du moins au départ de cette relation pétillante. Monsieur Gémeaux apportera son grain de folie à madame Vierge parfois trop sage et madame Vierge appréciera la jeunesse de caractère de monsieur Gémeaux. Cependant, monsieur Gémeaux est d'un caractère changeant et versatile et madame Vierge aura ici quelques difficultés à analyser ce comportement qu'elle jugera pour le moins étrange. Madame Vierge est d'une nature stable et tranquille alors que monsieur Gémeaux court partout et tout le temps. Mais ce n'est pas la seule différence qui semble exister entre eux car monsieur Gémeaux ayant un signe a nature double se montre parfois tellement fantasque que madame Vierge risque d'en perdre patience et Dieu sait que la patience n'est pas son fort.

Monsieur Gémeaux a souvent beaucoup d'amis et aime sortir jusqu'à plus d'heure mais madame Vierge aime le confort et la sérénité de sa demeure d'où, pour garder monsieur Gémeaux, la nécessité de faire quelques efforts. D'ailleurs, monsieur Gémeaux aimera stimuler madame Vierge qui, une fois lancée, trouvera un certain plaisir à cette vie plutôt mouvementée.

Au final, c'est une relation qui peut évoluer avec le temps mais à la condition que madame Vierge fasse de multiples concessions car monsieur Gémeaux n'est pas homme à sacrifier sa vie trépidante dont il a de toute évidence besoin pour une vie casanière et madame Vierge doit accepter de lui faire confiance même si elle sait que monsieur Gémeaux aime plaire et aime le flirt. Mais il ne sera guère facile à madame Vierge de vivre cette vie a 100 à l'heure ni de vivre avec un courant d'air d'où la possibilité que madame Vierge préfère a monsieur Gémeaux une douce vie paisible et sans stress aucun.

Monsieur GEMEAUX face à Madame BALANCE

Monsieur Gémeaux est un signe d'air et madame Balance en est un également, ce qui pourrait à priori permettre de déterminer que ce couple est fait pour s'entendre. Ceci étant, il existe tout de même des différences fondamentales entre monsieur Gémeaux et madame Balance qui pourraient bien venir contrebalancer cette affirmation. Monsieur Gémeaux aime flirter tout comme madame Balance mais madame Balance excelle en ce domaine tant elle est née pour cela. Et même si monsieur Gémeaux utilise cette tendance pour attirer madame Balance voire même pour la rendre un peu jalouse, monsieur Gémeaux risque de se prendre à son propre piège tant cela laissera a madame Balance toute latitude pour s'envoler vers d'autres horizons.

Monsieur Gémeaux n'aime pas l'ordre et vivre dans le

désordre ne lui pose, a priori, que peu de problème. Mais madame Balance est une femme ordonnée et surtout organisée qui aura toute les peines du monde à accepter que son trublion de mari ne fasse pas le moindre effort. Pour autant, cela ne laisse pas forcément présager des brouilles ou des colères car ils sont tous deux ennemis de la discorde.

Tous deux sont des êtres très sociables et tous deux pourront avoir un social conséquent de personnes qui les apprécient et avec lesquelles ils aiment être. Il faut dire que monsieur Gémeaux et madame Balance sont plutôt curieux de tout et ne se lassent pas d'apprendre quel que soit le sujet d'ailleurs. Ils ont aussi en commun le gout du beau et monsieur Gémeaux appréciera toujours les mises en beauté de madame Balance mais qu'elle ne réservera pas que pour lui seul, malheureusement, tant madame Balance aime être attirante.

Monsieur Gémeaux est vif d'esprit, drôle et subtil et cela saura séduire madame Balance qui est souvent attiré par les hommes intelligents qui ont un certain esprit. Monsieur Gémeaux trouvera en madame Balance une douce moitié, capable de le prendre en charge dans son quotidien et madame Balance pourra de toute évidence l'accepter durant un temps mais il faudra vite que monsieur Gémeaux grandisse car madame Balance n'a pas l'âme d'une gouvernante !

Monsieur GEMEAUX face à Madame SCORPION

Madame Scorpion est sérieuse, Monsieur Gémeaux est amusant, ce qui nous montrera très vite le problème qui peut se poser. Il sera plutôt rare de voir exister entre Monsieur Gémeaux et Madame Scorpion une folle passion car Madame Scorpion, femme au charme magnétique, pourra vite se lasser de Monsieur Gémeaux. En fait, Madame Scorpion a besoin de sentir la force en l'homme qui la possède car, ayant elle-même une forte personnalité, elle ne pourra supporter les pitreries de Monsieur Gémeaux.

Monsieur Gémeaux, régit par Mercure, est un cérébral et il ne semble guère en mesure d'apporter à Madame Scorpion la passion dont elle a besoin dans une relation sentimentale.

Madame Scorpion peut se servir de Monsieur Gémeaux afin de briller en société car il n'a pas son pareil pour la mettre en valeur. Mais Madame Scorpion aura peut-être la fâcheuse habitude de se comporter comme une mère avec Monsieur Gémeaux, qui, bien qu'espiègle, ne supportera pas cela, se sentant le plus souvent offensé de cette situation. Mme Scorpion tentera toujours de diriger Monsieur Gémeaux, le forçant a travailler même s'il en a décidé autrement. Mais que Madame Scorpion se rassure, Monsieur Gémeaux est parfaitement capable de réussir sa carrière car il sait parfaitement utiliser au mieux ses capacités.

Mais, Madame Scorpion, n'aura jamais vraiment

confiance en Monsieur Gémeaux car Monsieur Gémeaux aime le flirt et il ne s'en cache guère, ce qui irritera au plus haut point Madame Scorpion qui gardera toujours le doute en elle.

En définitive, il serait plus aisé que chacun passe son chemin, car si leur route se confondent, ils devront s'entourer d'une forte patience.

Monsieur GEMEAUX face à Mme SAGITTAIRE

Voici un couple des plus harmonieux qui peut tout à fait évoluer sur le long terme. Monsieur Gémeaux est un homme d'action, pétillant et intelligent et madame Sagittaire est une femme déterminée que rien n'arrête. Ils sont tous deux capable de projets ambitieux et peuvent sans nul doute s'entraider pour parvenir à leurs réalisations. Madame Sagittaire saura toujours trouver les mots pour stimuler monsieur Gémeaux et parvenir à lui insuffler cette énergie dont elle déborde. Monsieur Gémeaux, quant à lui, apportera à madame Sagittaire l'inédit et l'originalité qui lui font parfois défaut. Monsieur Gémeaux aime bouger et madame Sagittaire n'hésitera pas à l'accompagner dans les lieux les plus insolites ou les destinations les plus lointaines car c'est également une aventurière qui aime le risque. Mais sans forcément aller aussi loin, ils peuvent apprécier ensemble les sorties entourées d'amis d'autant que s'ils ont des enfants, ils ne s'embarrasseront guère et n'hésiteront pas à les faire garder pour satisfaire leur besoin de recréation. Ils sont ainsi et c'est là un point de convergence de leur personnalité.

Seul petit bémol dans ce couple sympathique, la trop grande franchise de madame Sagittaire qui est souvent dénuée de diplomatie. Et là, madame Sagittaire risque de heurter monsieur Gémeaux qui n'apprécie guère qu'on lui dise les choses sans ménagement. Toutefois, et avec le temps, monsieur Gémeaux peut s'amuser de cette façon de faire surtout si madame Sagittaire utilise sa franchise brutale avec autrui.

Monsieur Gémeaux n'est pas un homme ordonné et madame Sagittaire n'est pas une femme d'intérieur d'où quelques tendance à vivre de manière bohème mais cela ne sera pas vraiment un problème pour eux, d'autant qu'ils seront capables de faire le grand ménage dans de grands éclats de rire lorsque cela s'avèrera nécessaire En somme, ils peuvent l'un et l'autre, trouver chez l'autre le complément dont ils ont besoin pour avancer avec plus de justesse.

Monsieur GEMEAUX face à Mme CAPRICORNE

Quand l'Air rencontre la Terre, rien n'est moins simple. Voici un couple que tout oppose tant dans le caractère que dans la personnalité. Monsieur Gémeaux, homme d'esprit taquin et amoureux de la vie ne saura pas vraiment comment procéder avec madame Capricorne si discrète et si distante. Madame Capricorne est une femme sérieuse qui ne laisse pas vraiment la place aux distractions dans sa vie. Monsieur Gémeaux aime sortir et s'amuser de presque tout alors que madame Capricorne ne connait que le sens du mot travail. Il est probable qu'au départ de cette relation, monsieur Gémeaux s'intéresse à madame Capricorne plus par curiosité que par réel intérêt. Mais madame Capricorne peut apporter à monsieur Gémeaux la rigueur qui lui manque et peut également le soutenir lorsque celui-ci rencontrera des moments difficiles. Madame Capricorne est une femme habituée aux coups du sort et c'est peut-être la seule qui pourra être capable de redonner à monsieur Gémeaux l'énergie qui lui manque parfois lorsqu'il est confronté à trop de difficultés. Elle sait aussi être patiente et écouter monsieur Gémeaux qui a souvent besoin de s'épancher.

Leur intimité pourra peut-être poser quelques problèmes car madame Capricorne aime faire l'amour alors que monsieur Gémeaux n'en a pas forcément le besoin tant il est capable de sublimer sa sexualité par tout autre chose. Or, il faudra tout de même que monsieur Gémeaux fasse quelques efforts pour satisfaire madame Capricorne qui, si elle devenait frustrée, pourrait reprendre son oreille attentive ainsi que ses sages conseils et suivre sa route en laissant monsieur Gémeaux sur le chemin. Il en serait de même si monsieur Gémeaux ne parvenait pas à canaliser sa tendance au flirt et à la séduction qui exaspère au plus haut point madame Capricorne.

En somme, c'est une relation plutôt compliquée qui s'annonce et qui peut conduire madame Capricorne à la souffrance si elle n'y prête garde car, il faut bien le dire, monsieur Gémeaux n'aura, lui, aucune difficultés à surmonter cet échec si échec il y a !

Monsieur GEMEAUX face à Madame VERSEAU

Voici deux signes d'Air qui ne sont ni l'un ni l'autre des sentimentaux. En réalité, ils peuvent être séduits l'un par l'autre, en raison de leur curiosité intellectuelle et de leurs aspirations communes mais il subsistera toujours quelques barrières dans cette relation.
Un autre des points communs qui peut les réunir est l'absence de réaction face à l'opinion de leur entourage. En effet, Madame Verseau a pour habitude de ne se fier qu'a elle-même et Monsieur Gémeaux ne s'inspire que très rarement de ce que pensent les autres. Il faut d'ailleurs peut-être ajouter qu'il sommeille en eux un petit gout pour la provocation qui leur permet aisément de se montrer quelque peu espiègles.
Monsieur Gémeaux est aussi dépensier, ce qui ne fait pas forcement le bonheur de Madame Verseau qui n'aime pas vivre dans l'inquiétude du lendemain.
Madame Verseau n'oubliera pas d'en faire le reproche à Monsieur Gémeaux qui commencera peut-être à trouver que la vie avec Madame Verseau n'est pas aussi drôle que cela.

Monsieur Gémeaux a besoin d'attention car il est dans sa nature d'aimer le changement en amour et, si Madame Verseau le délaisse, elle aura peut-être la désagréable surprise de le voir s'éloigner vers des bras moins hostiles.

Monsieur Gémeaux aime les voyages tout comme Madame Verseau et c'est encore ici un point de concordance qui peut leur permettre de vivre de très belles aventures.

Cependant, l'un et l'autre savent bien que ceci n'est pas suffisant à la construction d'une relation solide et, au bout d'un certain temps, ils prendront surement, d'un commun accord, la décision de cesser leur aventure.

Monsieur GEMEAUX face à Madame POISSONS

Que de complications à redouter ici, avec ce couple si différent et qui aura quelques difficultés a réellement se comprendre. La nature de monsieur Gémeaux, enjoué, instable et partout à la fois, ne s'accorde que très difficilement avec la nature sereine de madame Poissons. Madame Poissons a besoin que l'on veille sur elle mais monsieur Gémeaux a déjà tellement de mal à s'occuper de lui-même qu'il ne sera peut-être pas en mesure de protéger madame Poissons comme il se doit. Monsieur Gémeaux n'a parfois pas le sens des réalités et s'il doit compter sur madame Poissons pour lui rappeler ses obligations, cela peut peut-être prendre un certain temps, car madame Poissons vit dans son monde et s'y perd parfois. En raison de leur caractère si différent, ils auront bien du mal à avancer dans la vie, passant plus souvent leur temps à trébucher sur des obstacles imprévus qu'à construire un asile solide pour y vivre en paix.

Monsieur Gémeaux, beau parleur, aura parfois tendance à fatiguer madame Poissons, femme tranquille et discrète. Monsieur Gémeaux, toujours nerveux, parviendra à angoisser madame Poissons et à lui faire vivre des remous intérieurs comme elle seule peut en connaitre. Toutes ces différences fondamentales entre eux pourront avoir raison de leur relation car celle-ci ne se révèlera ni harmonieuse, ni complémentaire mais bien plutôt confuse et déconcertante, d'autant que chacun ne pourra offrir que ce qu'il est en réalité et cela même si madame Poissons fait, elle, les efforts nécessaires a la survie de leur couple, efforts que monsieur Gémeaux se révèlera incapable de tenir à moyen terme.

Monsieur Gémeaux n'aime pas le mystère ou, tout du moins, il aime les percer à jour. C'est d'ailleurs ce qui aura su le séduire chez madame Poissons. Mais madame Poissons n'aime guère se révéler dans sa totalité et prendra grand soin à garder au fond d'elle ce qu'elle considèrera comme faisant partie de sa vie secrète qu'elle ne souhaite livrer à personne. Cela perturbera monsieur Gémeaux qui, en définitive, aura le sentiment que madame Poissons ne lui fera jamais assez confiance et qui le portera à utiliser cette excuse pour pouvoir vivre d'autres expériences.

www.ingramcontent.com/pod-product-compliance
Lightning Source LLC
La Vergne TN
LVHW051713080426
835511LV00017B/2885